¡Ranas, sapos y renacuajos!

por Allan Fowler

Versión en español de Aída E. Marcuse

Asesores:

Robert L. Hillerich, Universidad Estatal de Bowling Green, Ohio

Mary Nalbandian, Directora de Ciencias de las Escuelas Públicas de Chicago, Chicago, Illinois

Fay Robinson, Especialista en Desarrollo Infantil

CHILDRENS PRESS ®

CHICAGO

Diseñado por Beth Herman, Diseñadores Asociados

Catalogado en la Biblioteca del Congreso bajo:

Fowler, Allan
    ¡Ranas, sapos y renacuajos! / por Allan Fowler.
      p. cm. – (Mis primeros libros de ciencia)
    Resumen: Explica las semejanzas y diferencias básicas que existen entre
las ranas y los sapos.
    ISBN 0-516-34925-2
    1.Ranas–Literatura juvenil.. 2. Sapos–Literatura juvenil.
    3. Renacuajos–Literatura juvenil.
    [1. Ranas. 2. Sapos.] I. Título. II. Series: Fowler, Allan.
    Mis primeros libros de ciencia.
QLL668.06F68 1992
597.8–dc20

                                       91-42178
                                            CIP
                                              AC

¡Mira esa rana toro
croando!

4

La mayoría de las ranas
macho y los sapos inflan
la garganta cuando emiten
sonidos.

Pero no todas las ranas
y sapos hacen el mismo
sonido.

6

Hay unas ranitas arborícolas, llamadas saltonas piadoras, que pían.

En Texas, hay ranas que
ladran como los perros.

La rana verde hace un gangueo vibrante, como la cuerda de base del banjo.

Las ranas y los sapos son anfibios. Eso significa que viven tanto en la tierra como en el agua.

11

Las ranas viven en el agua
de pantanos, lagunas y
otros lugares parecidos.

Pero los sapos, en su
mayoría, viven en la tierra.

La piel de las ranas es lisa
y brillante.

Los sapos tienen una piel
áspera y con protuberancias.

El color de ambos generalmente
es amarronado o verde oscuro,

con marcas o rayas de
otros colores.

18

Pero hay ranas de un
verde brillante, azules,
blancas, amarillas o rojas.

Las ranas pueden saltar
más lejos que los sapos.

Muchas ranas tienen patas
palmeadas, adaptadas para nadar.

Las ranas arborícolas tienen almohadillas en los dedos, para trepar mejor por las ramas.

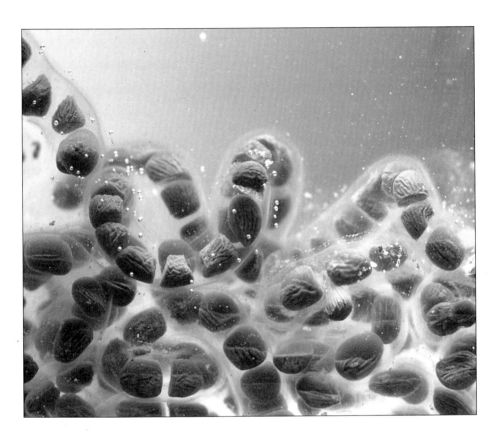

La mayoría de las ranas y sapos
ⁿen sus huevos en el agua, que
de nacen los renacuajos.

El renacuajo se parece a un pez.
Tiene agallas para respirar bajo
el agua, y también cola.

Con el tiempo, al renacuajo le crecen piernas y pierde la cola. Sus agallas son reemplazadas por pulmones y puede respirar aire, como tú. Entonces ya puede vivir fuera del agua.

Puede sacar la larga
lengua pegajosa y atrapar
los insectos con que se
alimenta.

Palabras que conoces

rana

rana toro

saltona piadora

sapo

patas palmeadas

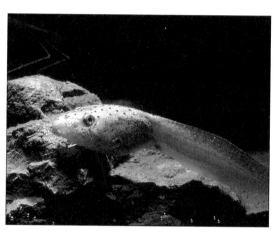

huevos de rana   renacuajo

anfibios

31

Índice alfabético

Acerca del autor:

Allan Fowler es un escritor independiente, graduado en publicidad. Nació en New York, vive en Chicago y le encanta viajar.

Fotografías:

Animals Animals - ©Stephen Dalton, 21, 28

Valan - ©Albert Kuhnigk, Tapa, 16; 23 ©Stephen Krasemann, 3, 14, 18, 30 (arriba derecha); ©Robert C. Simpson, 6, 30 (centro derecha); ©Jim Merli, 4, 8, 17, 30 (arriba izquierda); ©John Fowler, 9; ©Pam Hickman, 11; ©J. A. Wilkinson, 12, 22, 25, 30 (abajo derecha), 31 (arriba derecha y abajo izquierda); ©Dennis W. Schmidt, 13, 31 (abajo derecha); ©John Cancalosi, 15, 27, 30 (abajo izquierda); ©Harold V. Green, 24, 31 (arriba izquierda)

TAPA: Rana arborícola gris.